AF582261

LES PLAINTES

FAITES AV ROY.

Contre Monsieur le Marquis de la Vieuuille.

Par Christofle de Ludot, Archer des Gardes Escossoises du Corps de sa Majesté.

SIRE,

Christophle de Ludot, cy-deuant Archer des Gardes

Escossoises du Corps de vostre Maiesté, sous la charge du Sieur Marquis de la Vieuuille, Remonstre tres-hũblement à vostre Maiesté, qu'il seroit paruenu à ladite charge, par le Traicté qu'il en auroit fait auec le Sieur de Bogues, Lieutenant de ladite Compagnie, moyénant la somme de neuf cens escus, comme appert par le contract passé entre les parties.

Ce que ledit Marquis de la Vieuuille trouua mauuais à cause que les deniers de ce traicté n'entroiét point dans sa bourse: Et ne pouuant lors pis faire au suppliant, il luy dit en termes de colere & indignation, qu'il feroit bien d'aller bien droict en sa charge, & que ses pechez veniels luy seroient mortels: ce qu'il a executé depuis auec vne passion violente.

Car premierement estant arriué, l'occasion de seruir vostre Maiesté en l'expedition du Pont de Cée, & le suppliant ayant eu commandement du Sieur Louchar, Cler du Guet de ladite Compagnie, cóme tous ses autres compagnons de se mettre en esquipage d'armes & deux cheuaux.

Ledit suppliant se preparant à cela, auroit esté constitué prisonnier, faute de payement de la somme de douze cens liures, deuë de reste à vn particulier qui luy auoit presté lesdits neuf cens escus.

Lequel emprisonnement dura quatre mois, sans pouuoir estre eslargy, y ayant employé pour s'en liberer, & s'acheminer à son deuoir prés la personne de vostre

Maiesté, le Sieur Desreaux Lieutenant de la Compagnie de Monsieur le Comte de Tresmes, & plusieurs autres personnes qualifiées.

De laquelle opportunité ledit Marquis de la Vieuuille se seruit pour instrument de sa passion : & deslors cassa ledit suppliant de sa charge, sans autre motif que son absence, & manquement de son deuoir, occasionné par son emprisonnement. Ce que ledit Marquis de la Vieuuille (comme il est à croire) n'eust executé si precipitément, s'il eust sceu par experience ce qu'il a à present les desastres ausquels sont subiects tous les hommes.

Apres cette cassation ledit Marquis de la Vieuuille dispose de cette charge, & la donne au lieu de deniers pour recompense des seruices, à vn nommé Berlette l'vn de ses domestiques.

Et estant vostre Majesté de retour, ledit suppliant assisté de la recommandation dudit Sieur Desreaux, va trouuer ledit Marquis de la Vieuuille, & le supplie de le reintegrer en sa charge: ce qu'il ne peut obtenir.

En suitte employe pour le mesme effect la faueur des Sieurs Mareschaux de Souuré, Lansac, & Baron de Persan, ensemble l'intercession de Messieurs Dormesson & Lezeau, Maistres des Requestes ordinaires de vostre Hostel, auec celle du Pere de la Bretaiche, Iesuite, son Confesseur, du sieur Longis, Chanoine de l'Eglise de sainct Honoré de vostre ville de Paris, son Precepteur, les sieurs de Beaumarchais, son beau-pere, & Bardin.

Mais toutes ces choses en vain, les prieres & recommandations des susdites personnes ayant rencontré ledit Marquis de la Vieuville plein de dureté, & n'estre du tout porté à recognoistre le grand tort qu'il faisoit au suppliant.

Neantmoins quelque temps apres pour colorer auec quelque titre specieux l'vsurpation de cette charge, de laquelle il auoit receu tous les gages, s'aduise de faire tenter ledit suppliant, pour voir s'il ne voudroit point remettre toutes ses pretensions pour vne piece d'argent.

Ce que luy ayant esté proposé en vn temps que vostre Majesté estoit dans les Armees, que luy suppliãt estoit accablé de grãde necessité, & hors d'esperãce de pouuoir auoir raison dudit Marquis de la Vieuuille, n'ayant peu preuoir que ses mauuais procedez l'eussent deu reduire la où il est, il traitte, moyennant mil liures de ses pretensions par l'entremise d'vn nommé Iulien Secretaire dudit Marquis de la Vieuuille, & ce par forme de demission passee pardeuant deux Nottaires du Chastelet de Paris, qui estoit en effect pour paracheuer de le spolier de sa charge, & le payer des deniers de ses gages escheus depuis sa pretenduë cassation.

Sur lequel payement ledit Iulien auroit soustrait malicieusemét audit suppliant la somme de trente liures. Ce qui ſe peut iuſtifier par vn bordereau eſcrit de la main dudit Iulien, dont il fit plainte audit Marquis de la Vieuuille, qui ne s'en fit que rire.

Voila, SIRE, les violences pratiquees par ledit Marquis de la Vieuuille, à l'encontre dudit ſuppliant, & qu'il a eſté contraint luy diſſimuler, iuſques au iour que ſes procedures l'ont fait deſcheoir de ſes grandeurs imaginaires.

Et il eſt certain, SIRE, que ſi voſtre Majeſté par vne Iuſtice admirable, n'euſt arreſté l'impetuoſité deſdites violences, ledit Marquis de la Vieuuille ſuiuant ſes procedez, n'euſt eſpargné aucun en voſtre Royaume, pour grand qu'il euſt eſté, auquel il n'euſt fait reſſentir les effets de ſes paſſions.

Les

Les exemples de ses desportements passez les font assez recognoistre, les plus importan, desquels n'ont pas esté sceuz par ceux qui depuis quelque temps ont escrit la verité de sesdits desportemens, y ayans obmis les suiuans.

Le mauuais procedé à l'endroit du sieur Ferrieres Do son Cousin, pour le frustrer de l'Abbaye de sainct Estienne de Caen, & qu'il a eschangee, pour esgarer les pretentions dudit sieur Feeriere-Do, en l'Abbaye de Sauigny.

En laquelle procedure il s'est seruy d'vn nommé Piné, lors sollicitcur des affaires dudit Ferrieres-Do, lequel Piné il a retenu puis en apres quelques temps à son seruice; mesme durant sa sur-intendance, & depuis l'a chassé pour ses maluersations. Et quant à ladite Abbaye de Sauigny, il l'a possedé soubz le titre confidentaire du sieur Longis.

Le grand tort cy-deuant fait à la veufue Loubaret, viuant Archer des Gardes Escossoises de vostre Majesté, sous ledit Marquis de la Vieuuille, la frustrant de la valeur de la charge de sondit mary, à elle reseruee par le breuet de vostre-dite Majesté, en recompense des courageux seruices à elle rẽdus par ledit feu Loubaret en toutes les occasions des dernieres guerres, & pource qu'il auoit esté tué de plusieurs mousquetades au siege de Mon-heurt, iettant des grenades contre les assiegez, du commandement de vostre Maiesté. Et toutesfois & quantes que ceste pauure veufue se presentoit à luy, il luy faisoit des responces dignes d'vn homme qui n'auoit la volonté de luy bien faire.

La supercherie faite au feu President Cheualier, en luy extorquant la fonction de sa charge de Surintendant des affaires de Nauarre ; auec tous les memoires & instructions, la conseruant sans plus luy en auoir voulu payer le prix conuenu en la presence de vostre Maiesté.

La soustraction violente sous l'authorité de sa charge de Sur-intendant faite au feu sieur Payen, d'vne promesse & autres papiers concernant le sieur de Beau-Marchais, son beau-pere, à cause de la charge de l'Espargne, importante de plus de cinq cens mil liures, moyennant dix-huict mil liures.

Le dessein qu'il a eu d'enleuer audit feu sieur Payen sa maison de Ruel, par voyes obliques & indirectes, qu'il couuroit du contentement que la Royne Mere y prenoit en ce sejour, & pour se mettre en ses bonnes graces, quelques iours auparauant son naufrage: Laquelle maison en effect il eust retenuë pour luy, sous la Capitainerie qu'il en deuoit faire donner par la Majesté de ladite Dame Royne, à vn nommé Pariso, l'vn de ses valets de chambre.

L'entreprise de faire venir de l'eau de Villemomble dans les fossez de Paris: en laquelle il estoit associé és grands gains qui deuoiét resulter de ladite entreprise sur les deniers qui se deuoient prendre à l'Espargne, tant pour les ouurages des canaux, que pour recompenser les proprietaires des terres, par lesquelles on deuoit creuser lesdits canaux, de tous lesquels deniers ledit Marquis de la Vieuuille eust disposé.

Et puis, SIRE, la spoliation qu'il a fait de ma charge, dont il m'a despoüillé sans aucune faute, ny maluersation, & par ce moyen m'a reduit à vne extreme indigence, auec ma femme, mes enfans & famille, & tel, que si eux & moy sommes destituez de pouuoir auoir recours sur les biens dudit Marquis de la Vieuuille pour la valeur de madite charge, ensemble de tous les despens, dommages & interests par moy soufferts, il nous sera impossible de plus pouuoir subsister,

A CES CAVSES, SIRE, & attendu que les mauuais procedez dudit Marquis de la Vieuuille, qui ne ſont que trop notoires, puiſque meſmes ils ſont cognus au public par les lettres de voſtre Majeſté, & notamment par voſtre Arreſt donné contre luy le cinquieſme May dernier, dans l'Aſſemblée tenuë en voſtre Chaſteau de Fontainebleau ; il luy plaiſe ordonner qu'il rentrera dans ſa charge à l'excluſion de celuy qui l'occupe, ſauf ſon recours ſur les biés dudit Marquis de la Vieuuille, ou autres qu'il appartiendra. Comme auſſi que ledit ſuppliant ſe pouruoira pardeuant leſdits Commiſſaires deputez contre ledit Marquis de la Vieuuille, pour luy eſtre pourueu ſur la liquidation de ſes deſpens, dommages & interests, suiuant la Declaration qu'il leur en baillera, & ledit suppliant continuera de plus en plus au zele qu'il a de seruir vostre Majesté, & à prier Dieu pour son heureuse & perpetuelle seruation.

FIN.

www.ingramcontent.com/pod-product-compliance
Lightning Source LLC
LaVergne TN
LVHW050518160826
845677LV00003B/1213

* 9 7 8 2 3 2 9 6 3 6 0 0 9 *